JN080705

自分でできる
コグトレ
5

対人マナーを身につけるためのワークブック

学校では教えてくれない
困っている子どもを支える認知ソーシャルトレーニング

宮口 幸治 編著　井阪 幸恵 著

Cognitive Training

保護者と先生方へのまえがき

本シリーズは、現在、学校教育等で幅広く使われ始めているコグトレを、子どもが一人でも取り組めるように構成したものです。コグトレとは、「認知○○トレーニング（Cognitive ○○ Training）」の略称で、○○には

「ソーシャル（→社会面）Cognitive Social Training: COGST」、

「機能強化（→学習面）Cognitive Enhancement Training: COGET」、

「作業（→身体面）Cognitive Occupational Training: COGOT」

が入ります。学校や社会で困らないために３方面（社会面、学習面、身体面）から子どもを支援するための包括的支援プログラムです。

もともとコグトレは学校教員や保護者など指導者のもとでテキストを用いて実施するものですが、そういった環境を作るのがなかなか難しいといった声もお聞きし、子どもが一人でも読み進めながら学べる形式のテキストの作成を検討して参りました。

本シリーズは、以下の「困っている子どもの特徴＜５点セット +1 ＞」に対応できるよう、コグトレを応用したワークブックを使って、一人で読み進めながら、登場人物とともに子ども自身が困っているところや苦手なところを克服していく展開となっています。（「困っている子どもの特徴＜５点セット +1 ＞」につきましては、『教室の困っている発達障害をもつ子どもの理解と認知的アプローチ――非行少年の支援から学ぶ学校支援』（明石書店）をご参照ください。）

・認知機能の弱さ　⇨「学びの土台を作る」ためのワークブック
・感情統制の弱さ　⇨「感情をうまくコントロールする」ためのワークブック
・融通の利かなさ　⇨「うまく問題を解決する」ためのワークブック
・不適切な自己評価　⇨「正しく自分に気づく」ためのワークブック
・対人スキルの乏しさ　⇨「対人マナーを身につける」ためのワークブック
＋身体的不器用さ　⇨「身体をうまく使える」ためのワークブック

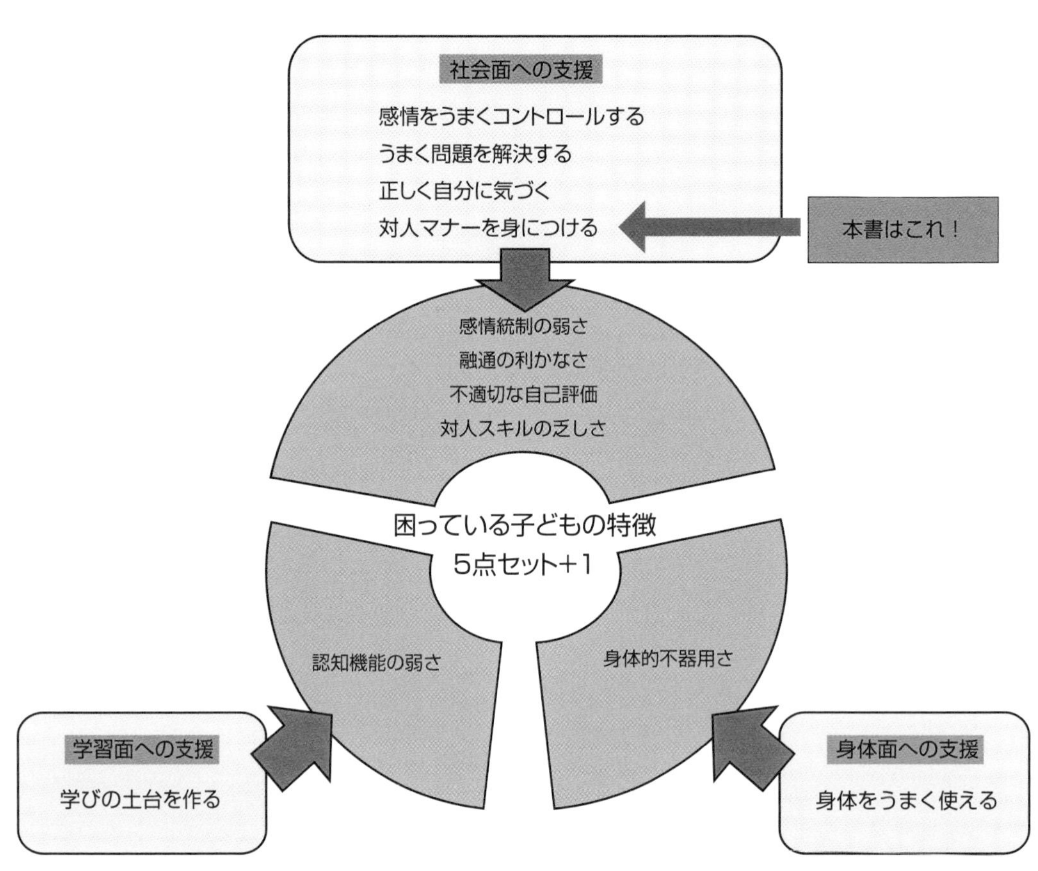

「困っている子どもの特徴5点セット+1」へのコグトレを使った
「社会面」「学習面」「身体面」からの具体的支援

本書は、左ページ図の「対人マナーを身につける」ためのワークブックに相当します。なお、支援者向けテキストは以下のものをご参照ください。

『社会面のコグトレ　認知ソーシャルトレーニング②　対人マナートレーニング／段階式問題解決トレーニング編』（三輪書店）

本シリーズをお使いいただき、困っている子どもたちの生きやすさに少しでもつながることを願っております。本書の企画に賛同頂きました明石書店様には心より感謝申し上げます。

著者を代表して

一社）日本COG-TR学会代表理事
立命館大学教授
児童精神科医・医学博士　宮口幸治

もくじ

登場人物

››› れん

小学３年生。ゆいの弟。運動は好きだけど勉強は苦手。少し気が短くてあわてんぼう。でも正義感が強いところもある。

››› ゆい

小学4年生。れんの姉。弟の世話をしている。泣き虫だけど、がんばりやさん。でもがんばりすぎて失敗することも。弟にまけずおしゃべり。

››› 山本先生

れんの担任。やさしくてきれいな女の先生。

››› 田中先生

ゆいの担任。やさしくてかっこいい男の先生。

››› ゆき先生

みんなのことを何でも知っている学校の先生。自分が子どものころの話もよくしてくれる。

››› コグトレ先生

子どものこころのお医者さん。何が大切なのかを教えてくれる。

全体の流れ

››› れんさん、ゆいさんの成長を１日を通していっしょにみていきましょう。本書の流れは次のようになっています。

››› **「出来事」**

困った出来事が起きました。

››› **「考えてみよう」**

れんさんやゆいさんが困っています。どうして困っているか考えてあげましょう。

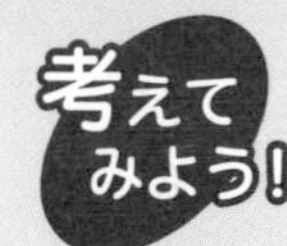

››› **「?」**

これから困らないようにするにはどうしたらいいか、いっしょに考えてあげましょう。

››› **「ヒント」**

ゆき先生からヒントがありますので、参考にしましょう。

››› **「ゆき先生からのアドバイス」**

ゆき先生からこれからどうしたらよいかアドバイスがあります。

››› **「みんなからの質問」**

みんなが疑問に思うことについて、あなたも考えてみましょう。ゆき先生の答えもあります。

››› **「ここのまとめ」**

最後にコグトレ先生からのアドバイスがあります。

はじめに

はじめまして。れんです。よろしく。

れん　ゆい

はじめまして。ゆいです。よろしく。

私たちは年子の姉弟です。2人とも、失敗したり困ったりすることが毎日いっぱいあります。

でも、ゆいがいろいろと教えてくれるから助かっています。

実は私も、れんに助けられることがけっこうあります。

みなさんも困ったことや不安なことがあるでしょう。私たちといっしょに、困ったことや不安なことを“解決する力”を身につけませんか？

いっしょに考えると気持ちが楽になりますよ。

そうです。なんだか元気が出ますよ。

意見を出し合うと“どう考えたらいいか”が分かってきます。そうすると、“次からどうするか”も分かるようになってきます。

困ったときにこの本を読んで参考にしてもらってもいいし、全部読んで先に知っておくのもいいですね。

私たちがこの本の中でみなさんといっしょに成長できたらうれしいです。では、いよいよ成長の第一歩が始まります。

さあ、ページをめくって。

はじまりはじまり。

ここで学ぶこと▶▶▶ 1人で起きる

出来事 朝、なかなか起きられない

››› 朝、ゆいさんが大声でさけびました。それを聞いて、れんさんは目を覚ましました。お父さん、お母さんはもう2人とも仕事に出ています。

れん、いいかげんに起きなさい！もう30分も呼んでるよ！パパもママも仕事に行ったよ！
ゆい

ごめん、ゆい。今何時？
れん

7時50分。あと15分で家を出るからね。

しまった！ねぼうした！困った！

考えてみよう！
「困った……だって
なんだもん」
どうしてれんさんは困っているか考えてみよう

❓ れんさんが次から困(こま)らないようにするには、どうしたらよいかをいっしょに考えてあげましょう。

●ねぼうしないためにみんなはどんな工夫(くふう)をしていますか？
●もし、ねぼうしてしまったらあなたならどうしますか？

ゆき先生

››› れんさんは、明日からどうするか決めました。そして急いで服を着がえました。

明日からきちんと起きるよ。では行こう！

ダメ。少しでいいから朝ごはんを食べて。

分かった。食べたから行こう！

ダメ。行く前に歯をみがいて顔を洗って。

れん

ゆい

できた！行こう！

ダメ。持ち物をそろえて。忘れ物はない？

ぼくは昨日のうちにそろえた。ゆいこそ、忘れ物多いでしょ。

まあね……でも、今日は時間割通りの持ち物だからだいじょうぶ。

よし！行こう。待たせてごめんね。

いいよ。さあ、行こう！

急ぐよ！遅刻する！

朝、起きるのがつらい時ってあるよね。前の夜おそくまで起きていて寝不足だったり、体調が悪かったりしたら、もっと起きるのがつらいね。れんさんもなかなか起きられなくて、ゆいさんに起こしてもらってやっと起きられたね。待っていたゆいさんは、はらはらしたり、イライラしたりしたかもしれないね。では、れんさんは明日からどうすることにしたのかな？

「早くねる……」「目覚まし時計を使う……」

うん、そうそう、いろいろな考えがあるね。では、次は本を読んでいる他のみんなからの質問です。あなたもいっしょに考えてみましょう。

みんなからの質問コーナーです。　あなたも考えて答えてみましょう。
（　　）は、ゆき先生の答えです。

質問 みんなは朝、目が覚めたらすぐに起きられますか？

（先生もねるのがおそかったり、朝が寒かったりするとなかなか起きられません。でもがんばって起きます。）

質問 すぐに起きられないとき、みんなは、どのようにして起きていますか？

（先生は、子どものころはお母さんに起こしてもらっていました。今は目覚まし時計で起きますが、いつの間にか止めてしまっていてあわてることがあります。）

質問 絶対にねぼうしない方法を教えてください。

（先生は、絶対にねぼうしたらダメなときは目覚まし時計を3つかけていました。）

››› いろいろな答えがあったよね。では最後にコグトレ先生からのアドバイスだよ。

ここのまとめ

コグトレ先生

　朝、起こしてもらう人も多いですね。自分で起きることに慣れるまでは家族の人に起こしてもらってもだいじょうぶですが、学年が上がるとともに、少しずつ1人で起きられるようになりましょう。では、ここで自分1人で起きるために、私から次のような方法を教えておきます。

◉早くねてたっぷりとすいみん時間をとる
◉目覚まし時計をセットしてはなれたところに置いておく
◉ねる前に、「○時に起きる」と自分に言い聞かせてからねむる

自分に合ったいろいろな方法を試してみましょう。

➡次は、れんさんとゆいさんが学校の正門に着いたところだよ。

ここで学ぶこと▶▶▶ていねいな言葉づかい

ていねいな言葉づかいって難しい

››› ２人が学校に着くと校門に校長先生が立っていて、２人にあいさつをしてきました。

やあ、れんさん、おはよう。
校長先生

やあ、おはよう。
れん

れん、ちがうよ。
ゆい

ゆいさん、おはよう。

校長先生、おはようございます。

何がちがうの？
どうして？分からないよ。

校長先生は友達ではないでしょ。ていねいな言葉づかいをしよう。

校長先生は「やあ、おはよう」って言うよ。

校長先生から見たら、れんは子どもだからそれでいいの。
自分より年上の人にはていねいな言葉づかいをするのよ。
じゃあ、お店の人は？年上でもていねいに話してくるよ。

それは別。お店の人はお客さんにていねいな言葉づかいをするの。

よく分からないよ。困った！

なんだもん」

どうしてれんさんは困っているか考えてみよう

❓ れんさんが次から困らないようにするには、どうしたらよいかをいっしょに考えてあげましょう。

- 勉強を教えてくれる先生とお店の人はどうちがいますか？
- みんなは校長先生にあいさつをするとき、どのようにしていますか？

ゆき先生

起床
学校着
1時間目
休み時間
2時間目
休み時間
3時間目
休み時間
4時間目
給食
昼休み
そうじ
放課後
家で

››› れんさんはていねいな言葉づかいの意味が分かりました。

分かった。校長先生にはていねいな言葉づかいをするよ。

れん

ゆい

年上の人みんなにもだよ。ていねいな言葉づかいの練習をしようね。

れんさんは校長先生にはていねいな言葉づかいをしなければいけないことが分かりました。ところで「おはようございます」の他に、ていねいな言葉づかいってどんな言葉があるかな？思い出してみるとけっこうあるよね。れんさんも少しずつ練習して身につけていこう。ていねいな言葉づかいができるようになると、気持ちよく過ごすことができるよ。初めて会った人や、年上の人にはていねいな言葉づかいができるといいね。

では、次は本を読んでいる他のみんなからの質問です。あなたもいっしょに考えてみましょう。

みんなからの質問コーナーです。　あなたも考えて答えてみましょう。
（　　）は、ゆき先生の答えです。

質問 みんなは朝、登校するときに先生にあいさつをしていますか？

（今はきちんとあいさつできますが、子どものころははずかしくて声が出なかったことがあります。）

質問 「おはよう」と「おはようございます」のちがいが分かりますか？

（「おはよう」は友だちに、「おはようございます」は先生に使う言葉だよ。でも先生が「おはよう」と言ってたら、「おはよう」って返事をしたくなるよね。）

質問 ていねいな言葉づかいってどうしてあるのかな？

（先生も子どものころは「みんないっしょでいいのに」と思っていました。でも、ていねいな言葉づかいをすると、気持ちよくなるので、みんな使っていると思います。）

››› **いろいろな答えがあったよね。では最後にコグトレ先生からのアドバイスだよ。**

ここのまとめ

コグトレ先生

私たちは、たくさんの人とかかわって生活をしています。自分たちが気づかないうちに、いろいろな人たちにお世話になっているのですよ。

だからこそ、気持ちよく過ごすために「あいさつ」はとても大切です。たとえば通学路で安全を守ってくれる地域の方に、ありがとうの気持ちをこめて「おはようございます」を言えたらおたがいに気持ちがよいものです。いつもお世話になっているから、「おはよう」よりも「おはようございます」がよいですね。また、日本には礼儀として頭を下げるおじぎの文化もあるのですよ。

➡次は、れんさんもゆいさんもそれぞれの教室で朝の会が終わって、1時間目の授業が始まったところだよ。

ここで学ぶこと ▶▶▶ 静かにする

出来事 みんないっしょに学習しているのに

››› 1時間目の授業のチャイムが鳴りました。でもれんさんは話し続けています。

キーン　コーン　カーン　コーン……

1時間目の理科の学習を始めます。

れん

ねえねえ、まいちゃん、昨日おもしろい動画を見つけたの。めちゃくちゃ笑ってしまうよ。帰ったらいっしょに見ない？

始めます！

始めます！

山本先生

始めます！

だって、すごくおもしろいんだ。1人で見るよりみんなで見た方が絶対楽しいよ。いつきさんもいっしょに見ようよ。

れんさん、授業中でしょ！理科の時間よ！

まい

え！？ぼく？それよりれんさん、先生を見て！

いつき

え？何で？

あ……。先生こわい顔……

れんさん、一番初めに約束をしましたね。

ごめんなさい。でも何の約束だったか忘れました。（困った！）

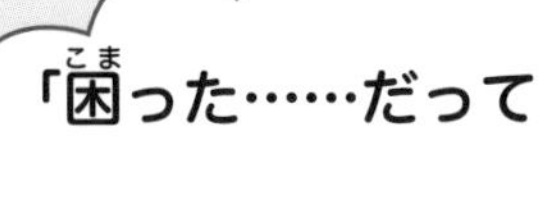

「困ったから……だって

なんだもん」

どうしてれんさんは困っているか考えてみよう

❓ れんさんが次から困らないようにするには、どうしたらよいかをいっしょに考えてあげましょう。

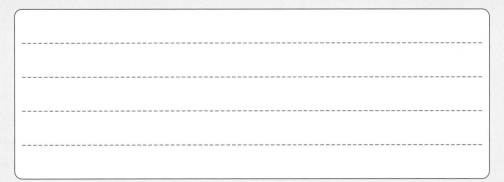

- 先生との約束を忘れないためにはどうしたらいいかな？
- 授業中に関係のないおしゃべりをしたら、周りの人はどんな気持ちかな？

ゆき先生

››› そして、山本先生は言いました。

山本先生

れんさん、先生は何度もお話ししましたよ。
もう一度言います。授業中はみんなで学習をしています。
関係のないおしゃべりをしたら、みんなの迷惑になりますからやめてください。

れんさんにも
迷惑がかかりますよ。

れん

ぼくにも迷惑がかかるの？

そうです。今学習して身につけないと、
どんどん新しい学習に進んでしまうのよ。

でも、忘れていたことを正直に言えたから
OK！では、学習にもどります。

はい、みんなごめんね。
もうおしゃべりしません。
しっかり勉強するね。

ゆき先生からのアドバイス

れんさんのように、ふと楽しかったことやおもしろかったことを思い出して、すぐにだれかに話したくなるときがあるね。きっと休み時間や放課後なら、すごく楽しくお話がはずむよね。でも、それが授業中だったら？もしかしたら、ついついおしゃべりをしてしまったことがあるかもしれないね。楽しい話なので、話しかけられた友達もいっしょにしゃべってしまうこともけっこうあるはず。

実は、れんさんがおしゃべりしている間、周りの人たちは先生の声も発表している友達の声も聞きづらくなっているんだって。れんさんは知らないうちに迷惑をかけていたんだね。では、次は本を読んでいる他のみんなからの質問です。あなたもいっしょに考えてみましょう。

みんなからの質問コーナーです。 あなたも考えて答えてみましょう。
（　　）は、ゆき先生の答えです。

質問 みんなは授業中におしゃべりをしたことはありますか？

（先生も小学生の時に、休み時間のお話の続きをしたことがあります。でもみんなに迷惑をかけていることまで気がつきませんでした。）

質問 授業中におしゃべりをしている人の声で先生の声が聞こえなかったことはありますか？

（あります。先生の話が聞こえなくて困ったことがあります。）

質問 おしゃべりをしている人を注意したことはありますか？

（先生は、「しー」と口に指を当てて合図をしたことがあります。）

››› **いろいろな答えがあったよね。では最後にコグトレ先生からのアドバイスだよ。**

コグトレ先生

授業中のように、みんながいっしょに学習する場所でおしゃべりをすることは、周りの人にとても迷惑がかかります。また、おしゃべりしている人自身も大事なお話を聞き落としてしまいます。困るのは周りの友達だけではありません。自分自身も困ることなのです。

たくさんの人が集まる場所は、ほかにもたくさんありますね。駅、電車の中、スーパーマーケットなど、周りを見ておしゃべりを楽しんでよいかどうかよく考えましょう。特に図書館、博物館などは静かに過ごす場所です。また、音楽会場のように小さな音（せきとかクシャミとか）も気をつけないといけない所もあります。場所とマナーを知っておくことは大切ですね。

➡次は、1時間目の授業が終わって休み時間だよ。

ここで学ぶこと▶▶▶人の持ち物に気をつける

出来事 つい、さわってみたかったから

››› 1時間目の終わりのチャイムが鳴りました。休み時間です。ゆいさんはトイレに行きました。

キーン　コーン　カーン　コーン……

1時間目の勉強を終わります。

田中先生

ゆい

今のうちにトイレに行っておこうっと。

中庭でなわとびをしようよ。

あれ？トイレに行っている間にみんな遊びに行っちゃった。

うん、行こう！

さくら

うわあ！かわいい筆箱！さくらさんのだ。

わあ！えんぴつもかわいい！連絡帳（れんらく）にメモしておいて、ママに買ってもらおうっと。

ええっと……キャラクターは……形は……色は……

››› そこで2時間目の授業（じゅぎょう）のチャイムが鳴りました。ゆいさんはあわてています。

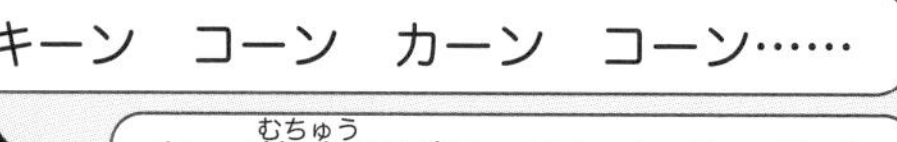

なわとび楽しかったね。

あ、夢中（むちゅう）で書いていたら、みんな帰ってきちゃった。ちょっと借（か）りてお道具箱に入れておこう。

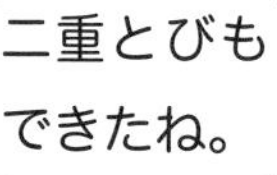

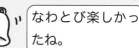

2時間目の勉強を始めます。

算数で使うから、お道具箱からはさみを出してください。

はい

わかりました。

あれ？そのえんぴつ、
さくらちゃんのじゃない！？

え！？ち、ちがうよ。

でも、ゆいさんはそういう
えんぴつを持っていなかっ
たよね？

ちがう！だから、そうじゃ
ない。ちがうんだって！

何がちがうの？
何で泣いているの？

あああ！ちがうのに！！
え〜ん、え〜ん……。
困った！

考えてみよう！

「困った……だって

なんだもん」

どうしてゆいさんは
困っているか
考えてみよう

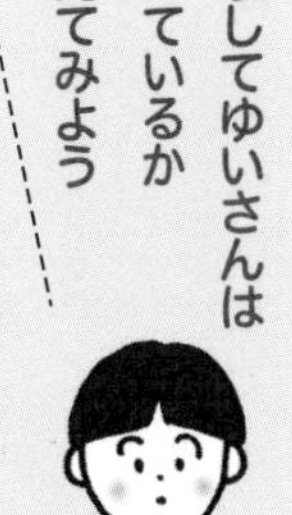

**ゆいさんが次から困らないようにするには、どうしたらよいかを
いっしょに考えてあげましょう。**

ヒント

- これから見せてほしいときはどうすればいいかな？
- もし勝手にさわってしまったらどう言えばいいかな？

ゆき先生

››› ゆいさんが謝り、説明するとさくらさんは分かってくれました。

さくらさん、勝手にさわってごめんね。

ゆいさん、取るつもりではなかったんでしょ。

すごくかわいかったから、メモしてママに買ってもらおうと思ったの。そしたらチャイムが鳴って……

そうだと思った。実は、ゆいさんが好きそうだから、後で見せたいって思っていたの。

そうだったの？ありがとう。

次の休み時間にゆっくり話そう。だからもう泣かないでね。

うん。もう勝手にさわったりしないね。

ゆき先生からのアドバイス

かわいい文房具やかっこいい文房具はいろいろあるね。友達が自分の好きなキャラクターの持ち物を持っていたら、ついついさわってみたくなるし、自分もほしくなるよね。

そこでゆいさんは、さくらさんのえんぴつをさわってしまいました。本当なら、さくらさんに声をかけて、「さわってもいいよ」と返事をもらうべきでしたね。するとみんなが帰ってきたので、あわてて自分のお道具箱へ入れてしまいました。このとき、さくらさんに、勝手にえんぴつをさわったことをあやまって返すほうがよかったですね。

その2つのことを、ゆいさんは分かっていたはずです。「いけないことをした」と思っていたから、友達にえんぴつのことを気づかれて困って泣いてしまいました。これからは、もしさわりたくなったら友達に声をかけて、返事をもらうといいね。

では、次は本を読んでいる他のみんなからの質問です。あなたもいっしょに考えてみましょう。

みんなからの質問コーナーです。 あなたも考えて答えてみましょう。
（　　）は、ゆき先生の答えです。

質問 みんなは、友達の持ち物が気になったことはありますか？

（好きなキャラクターだったら、声をかけたくなりますね。）

質問 友達の持ち物をさわるときに気をつけることは何ですか？

（先生は、その人に「さわっていいよ」と言ってもらうようにしました。）

質問 自分の持ち物と、友達の持ち物、ちゃんとけじめをつけていますか？

（先生は、お母さんが名前を書いてくれていたので、自分の持ち物という気持ちが強かったです。）

››› **いろいろな答えがあったよね。では最後にコグトレ先生からのアドバイスだよ。**

ここのまとめ

自分の持ち物と人の持ち物はちがいますね。みんな、お家の人に買ってもらったり、知り合いの方にいただいたりしたものです。持ち物を大切にしないといけません。

持ち物は、お金と同じような価値があります。勝手にさわるのはいけません。自分の持ち物と混ぜてしまったら取られたと思われるかもしれません。また逆に、理由もなく自分の持ち物を人にあげることもやめましょう。

➡次は、れんさんの2時間目の授業での出来事だよ。

2時間目の授業

ここで学ぶこと▶▶▶気持ちをおさえる

出来事 いらいらしてたたいてしまった

››› 2時間目の社会の授業のチャイムが鳴りました。山本先生が問題を黒板に書いています。みゆさんがれんさんに言いました。

キーン　コーン　カーン　コーン……

れんさん、早くしないと次に進んでいるよ。

れん

分かっているよ。でも、ぼくは書くのがおそいんだ。

あ、ここも書かなくちゃ。私のノートを見せてあげる。

みゆ

ぼくは書くのがおそいから、先生は下線を引いた所を書けばいいって言ってくれてるんだ。

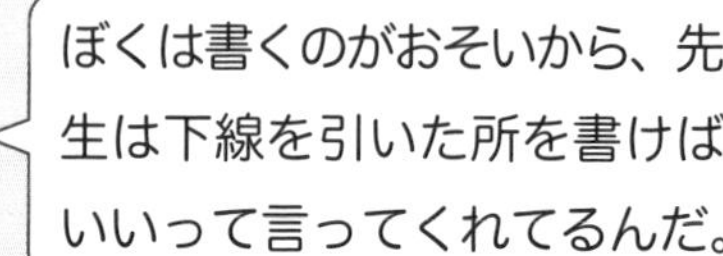

そうなのね。もし自分で考えるのが難しかったら写してもいいよ。

ぼく、書くのは苦手だけど、学習したことは分かっているから！

いつもほとんど書いていないから分かっていないのかと思って……

ばかにするな！

いたい！え～ん！先生、れんさんが急にたたいてきました。

しまった。泣かしてしまった……（困った！）

れんさん、何したの？みゆさんもだいじょうぶ？

山本先生

「困ったーーだって

なんだもん」

どうしてれんさんは困っているか考えてみよう

❓ れんさんが次から困らないようにするには、どうしたらよいかをいっしょに考えてあげましょう。

- ばかにされたと思っても、暴力をふるっていいのかな？
- みゆさんはどんな気持ちでれんさんに言ったのかな？

ゆき先生

››› れんさんは、どうしてみゆさんをたたいたか山本先生に言いました。そしてみゆさんに謝りました。

それでれんさんはたたいたのね。分かりました。でもたたくのはよくないですね。

山本先生

みゆさん、たたいてごめんね。

れん

もうだいじょうぶ、そんなに強くたたいてなかったから。

みゆ

では、先生からみなさんにお話があります。書くことが苦手な人には、先生との約束で書く量を減らしています。

人はだれでも得意なことと苦手なことがあります。何かが苦手だからといって、何もできないわけではありません。

そういうことか！みんなちがってみんないいですね！

そっか。れんさんは書くことが苦手なだけなのに、「考えるのが難しかったら……」って言ったからおこったのね。

分かってもらえてほっとしたよ。もう絶対にたたいたりしないよ。

れんさんが特に苦手だったのは「書くこと」だったね。書くのに時間がかかるから、山本先生に応援してもらって、書く量を減らしてもらっていたんだね。でも、みゆさんは、学習全部が苦手だと思って、「見せてあげる」ことで応援しようとしたんだね。でも、それはれんさんにしたら、分かっているのにばかにされたと思ったんだね。でも、れんさんはどんなに腹が立っても、たたいてはいけないね。では、次は本を読んでいる他のみんなからの質問です。あなたもいっしょに考えてみましょう。

みんなからの質問コーナーです。 あなたも考えて答えてみましょう。
（　　）は、ゆき先生の答えです。

質問 **みんなは、苦手なことはありますか？**

（先生は、あわてんぼうで、うっかり忘れることが多いです。）

質問 **友達の得意なことや苦手なことを知っていますか？**

（仲のよい友達の得意なことはよく分かります。）

質問 **れんさんはたたいてしまったけど、ほかにどんな方法がありますか？**

（腹が立っても、ぐっとがまんして、言葉で気持ちを伝えた方がいいですね。）

››› **いろいろな答えがあったよね。では最後にコグトレ先生からのアドバイスだよ。**

ここのまとめ

コグトレ先生

人は、みんなちがいます。顔、背の高さ、食べ物の好み……似ていることはあっても、全部同じ人はいません。だから、学習をしていても、書くことだけ苦手だったり、読むことだけ苦手だったり……と人それぞれなのです。そして、苦手なことはおたがいに協力すればそれほど困ることはありません。

ところで、いらいらすることはだれにでもあると思います。どんなにいらいらしても許されないのは「暴力」です。これは「言葉の暴力」も同じです。身体だけでなく、心も痛い思いをさせてはいけません。

友達も、きょうだいも、お父さんやお母さんも先生も……みんな大切な人です。どんなことがあっても、「暴力」も「言葉の暴力」も使わず、自分の気持ちをすなおに伝えるようにしたいですね。

➡では次は2時間目が終わって休み時間です。

ここで学ぶこと▶▶▶トイレに行っておく

出来事 おしっこをがまんできない

››› 午前中の2時間目の授業が終わりました。れんさんはゆなさんと遊ぶ約束をしていました。でもれんさんはトイレに行きたい気持ちでした。

れんさん、20分休憩だから約束通りにさそいに来たよ。遊ぼう！

ゆなさん、約束したものね。遊ぼう！ちょっとおしっこがしたいけど……ま、いいか。

ゆな　れん

››› 2人は運動場で遊んでいます。休み時間の終わりのチャイムが鳴りました。

キーン　コーン　カーン　コーン……

楽しかったね。また明日も遊ぼうね。

さそってくれてありがとう。また明日もね。

3時間目の学習を始めます！

ううう……やばい。困った！

山本先生

考えてみよう！

「困った……だって

なんだもん」

どうしてれんさんは困っているか考えてみよう

❓ れんさんが次から困らないようにするには、どうしたらよいかをいっしょに考えてあげましょう。

- これから友達と遊ぶ前にどうしたらいいかな？
- もしトイレに行けなかったときは、先生には何て言えばいいかな？

ゆき先生

››› 山本先生は授業を進めていきます。れんさんはだんだんがまんできなくなってきました。

算数の教科書27ページを開けましょう。

昨日の復習をしましょう……。

››› れんさんは勇気を出して言いました。

先生、トイレに行ってもいいですか？

れんさん、よく言えました。さっきから気になっていたの。
早く行ってらっしゃい。

››› **ホッとして、れんさんは急いでトイレに向かいました。**

れんさん、これからは休み時間にトイレへ行っておきましょうね。

山本先生

もどりました。

れん

はい、これからは先にトイレへ行ってから遊びます。(次からこうしよう！)

れんさん、20分休憩だから今日もさそいに来たよ。遊ぼう！

ゆなさん、先に行っておいてくれる？トイレに行ってから運動場に出るよ。

ゆな

分かった。待っているから。

休み時間にトイレに行っておくことは、入学してすぐに教えてもらいますね。1年生の1学期は特に、早めにトイレへ行くように、先生から声をかけてくれます。でも、だんだんと自分で考えて行くようにしなくてはいけません。

れんさんのように「友達にさそわれたから遊びを優先する」とあとで大変ですね。授業中にトイレに行きたくなります。まずはトイレを済ませてから遊ぶようにしましょう。

次は本を読んでいる他のみんなからの質問です。あなたもいっしょに考えてみましょう。

みんなからの質問コーナーです。　あなたも考えて答えてみましょう。
（　　）は、ゆき先生の答えです。

質問 **みんなはいつトイレに行きますか？**

（先生は2時間目の後と給食の後と決めていました。）

質問 **授業中にトイレに行きたくなったことはありますか？**

（先生は、すごく寒い日に冷えて、トイレに行きたくなったことがあります。）

質問 **もし、授業中にトイレに行きたくなったらどうしますか？**

（先生は、はずかしくて言えなくて、となりの席の友達から先生に伝えてもらったことがあります。）

››› **いろいろな答えがあったよね。では最後にコグトレ先生からのアドバイスだよ。**

ここのまとめ

おしっこをがまんすると体に悪いことを知っていますか？ぼうこうえんになったり、じんぞうに負担がかかったりします。同じように、うんちをがまんする人もいますね。うんちもがまんすると、便秘につながって腸の調子が悪くなります。体のにおいに影響することもあります。ですから、おしっこもうんちもがまんしてはいけません。授業の前にトイレに行っておくか、授業中にがまんできなくなったら勇気を出して先生に「トイレに行きたい」と言ってみましょう。

➡次は、ゆいさんの休み時間の出来事だよ。

ここで学ぶこと▶▶▶みんなで決める

出来事 おにごっこをしたいのに

››› ゆいさんは友達(ともだち)と外で遊ぼうと外に出ました。

さあ、始めよう！
おにごっこね。
ゆい

いいよ。じゃあ、おにをジャンケンで決めよう！

ぼくは足が速いから、おにになるよ。

››› ところがゆいさんがおこってみんなに言いました。

そんなのおかしいよ！何でジャンケンしないの！？
え！？

ぼくがおにになる方がおもしろく遊べると思ったんだ。それに、ジャンケンをしている時間がもったいないと思って……。
もうおには決まったよ。

初(はじ)めにジャンケンでおにを決めようって言ったでしょ。

ゆいさん、時間ないからもういいんじゃない？

›››　ゆいさんもなかなか引きません。

じゃんけんしないと、おにごっこはやらないよ！

わかったよ。仕方ない。ゆいさん。じゃあやっぱりジャンケンをしようか……

じゃんけん……ほい、あいこでしょ、じゃんけん……

›››　じゃんけんが長引き、とうとうチャイムが鳴ってしまいました。みんながおこりはじめました。

キーン　コーン　カーン　コーン……

あ！

あ！

あ！

あ！

チャイムが鳴ったじゃん！
どうしてくれるの！
ああ、腹(はら)が立つ！

……しまった。ごめん。
(困(こま)った……)

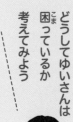

どうしてゆいさんは困(こま)っているか考えてみよう

「困(こま)った……だって

なんだもん」

❓ **ゆいさんが次から困らないようにするには、どうしたらよいかをいっしょに考えてあげましょう。**

- みんなに迷惑をかけたときは、どう言えばいいかな？
- みんなで何か決めるときは、何に気をつけたらいいかな？

ゆき先生

››› **そしてゆいさんは謝りました。**

ゆいさん、何か言うことはないの？

ごめんなさい。時間がないのにジャンケンをしようって言ってしまって。

ゆい

うん、でもルールも大事だから、これから話し合いでしっかりと決めておこう。

うん……ありがとう……。これからはみんなの言うことをしっかり聞いて決めよう。

ゆいさんの気持ちもよく分かるけど、みんなで遊ぶのにゆいさんは自分の意見にこだわり続けました。だからみんなもおこったんだね。ゆいさんが１人で遊ぶのだったら問題ないけど、みんなでいっしょに遊ぶときはみんなで決めて、みんながいい気持ちになることが大切です。そのためにはみんなが納得するような話し合いが必要ですね。

次は本を読んでいる他のみんなからの質問です。あなたもいっしょに考えてみましょう。

みんなからの 質問 コーナーです。 あなたも考えて答えてみましょう。（　　）は、ゆき先生の答えです。

質問 みんなは休み時間に運動場で遊んでいますか？

（先生も外遊びが大好きで、友達と鉄棒をよくしました。）

質問 たくさんの人で遊ぶときに気をつけることはありますか？

（先生は、みんなでルールを先に決めました。）

質問 話し合いがうまくいかず、けんかになったことはありますか？

（先生は、何で遊ぶかで言い合いになったことがあります。）

››› **いろいろな答えがあったよね。では最後にコグトレ先生からのアドバイスだよ。**

ここのまとめ

コグトレ先生

友達と遊ぶのは楽しいですね。それだけに、最初にルールを決めておかないとトラブルになりやすいのです。また、ルールをはっきりとさせていれば時間もかからずいっぱい遊ぶことができます。仲よく遊ぶために、話し合いでルールを決めておく習慣をつけておくことはとても大切です。

話し合いがうまくいかないと、けんかになることもあります。上手に話し合って決める練習は将来にも役立ちます。気持ちをコントロールして、相手の言い分を聞きながら自分の意見をおだやかに言えるようになるといいですね。

ここで学ぶこと▶▶▶失敗したとき

出来事 ミスして80点が取れなくて……

››› 3時間目の算数の授業が始まりました。田中先生が先週にやったテストを返しています。ゆいさんは思ったより点数が取れなかったみたいで元気がありません。

では、テストを返します。……ゆいさん、よくがんばりました。

田中先生

70点だった。もうだめだ。

ゆい

え？何で？ 70点なら悪くないよ。私は80点だったけど。

だめだよ！ 80点を目標にしてきたもん。

70点なんて取ったことないなあ。今度がんばったらいいんじゃない？

だめだよ。いっぱい勉強したのに……。

ああ、泣いちゃった。

考えてみよう!
「……だって
なんだもん」
どうしてゆいさんは悲しんでいるか考えてみよう

❓ ゆいさんが次から悲しまないようにするには、どうしたらよいかをいっしょに考えてあげましょう。

● ゆいさんはどうして80点でないとだめだと思っているのかな？
● もしまた70点だったらどうしたらいいかな？

ゆき先生

››› そして、友達のゆりさんがゆいさんをなぐさめてくれました。

ゆいさん、70点って何をまちがえたの？

ゆり

ゆい

ミスしちゃった。あと時間が足りなくて。

だれだってミスするよ。実力はあるんだから。

ありがとう。ゆりちゃんもミスすることある？

もちろん。私もミスばっかり。だからミスがないか何度も見直すよ。

そっか。ゆりちゃんもそうだったのね。点数が取れなくてももう泣いたりしないよ。

テストで目標の点数を取れたらうれしいね。逆にミスして点数が悪かったから、ゆいさんはがっかりして泣いてしまいました。一生懸命がんばったからくやしいし悲しかったんだね。でも、ゆいさん、一番大切なことは何だろう？テストは何のためにしているのだろう？少し考えてみて。

では、次は本を読んでいる他のみんなからの質問です。あなたもいっしょに考えてみましょう。

みんなからの質問コーナーです。　あなたも考えて答えてみましょう。
（　　）は、ゆき先生の答えです。

質問　みんなはテストで悪い点数を取ったときはどうしていますか？

（先生は、親にはかくしていました。でもお母さんに見つかってしかられたこともあります。）

質問　テストで100点を取ったときはどうしていますか？

（先生はうれしいのでお母さんにすぐに見せていました。）

質問　テストでいい点を取るにはどうしたらいいですか？

（先生は、出るところを予想して勉強していました。当たるといい点が取れました。）

››› **いろいろな答えがあったよね。では最後にコグトレ先生からのアドバイスだよ。**

テストはそれまで学習してきた内容をどれだけ分かっているか確認するためにするものです。だから、もしもミスしてできなかったところがあったら、もうミスしないように学習し直すことが大切なのです。そのためにテストがあります。ですから、たとえ悪い点数でも、しっかりと復習をできれば何も悲しむことはありません。

テストはずっと続きます。テストでよい点数を取ることも大切ですが、できなかったところを復習して身につけることのほうがもっと大切です。そして、それが必ず次に役立ちますよ。

➡次は、3時間目が終わって休み時間です。

ここで学ぶこと▶▶▶人の話を聞く

出来事 自分のことを話したくて

››› 休み時間になったので、ゆいさんは友達（ともだち）のまみさんとお楽しみ会の出し物について相談しました。

休み時間の間にお楽しみ会の出し物を考えよう。

私（わたし）、手品をしたいな。いくつか持っているんだ。

ゆい

まみ

うん、そうだね。ゆいさんは何がしたいの？

私（わたし）はしたことがないよ。手品の道具も持っていないし。

貸（か）してあげるよ。トランプの手品は○×§ΦΓξでね。

私（わたし）、分からない。

…………

それに、ボールをかくすのもあって……けっこう技術（ぎじゅつ）がいるのよ……

つつから花を出すのはわりと簡単（かんたん）だよ。
準備（じゅんび）が手間だけどね……

いっしょにするのは無理（むり）かも。

え？どうしたの？急に。
困（こま）った……

ゆいさんは楽しそうだけど、私（わたし）はやめておくよ。

考えてみよう!
「困った……だって
なんだもん」
どうしてゆいさんは困っているか考えてみよう

? ゆいさんが次から困らないようにするには、どうしたらよいかをいっしょに考えてあげましょう。

●ゆいさんが話しているとき、友達はどんな様子だったかな？
●相談をするときは、どんなことに気をつけるといいかな？

ゆき先生

››› そこで、ゆいさんは謝ってまみさんが何をしたいか聞きました。

ごめん、私、自分のことばかり話していたよ。まみさんは何をしたいの？

なぞなぞとか、クイズとか、図書館の本を借りてできるのがいいな。

そうだね、一度図書館でいっしょに探そうよ。

いいの？ありがとう。気になる本があるから、いっしょに見ようね。

自分が好きなことを話していると、楽しくてついついたくさん話してしまうね。でも相手の人はどんな気持ちかな？ゆいさんは自分の好きな手品の話になったので自分が話すことに夢中でした。そしてまみさんの表情を見たり、何を言っているのか聞いたりすることはありませんでした。それでまみさんはいっしょにするのを断ったんだね。友達に相談するときには、相手のことを考えて相手の話をしっかりと聞かないといけないよね。

では、次は本を読んでいる他のみんなからの質問です。あなたもいっしょに考えてみましょう。

みんなからの 質問 コーナーです。

あなたも考えて答えてみましょう。
（　　）は、ゆき先生の答えです。

質問 みんなは何か好きなことや好きな遊びはありますか？

（先生は本を読むのが大好きです。）

質問 自分だけどんどん続けて話してしまったことはありますか？

（先生は、習い事の話をいっぱいしたことがあります。）

質問 相手の人ばかりしゃべって止まらなかったら、どんな気持ちになりますか？

（先生は、下を向いてしまいます。）

››› いろいろな答えがあったよね。では最後にコグトレ先生からのアドバイスだよ。

ここのまとめ

コグトレ先生

会話はキャッチボールのようですね。相手の話していることを聞いて、考えて返事をします。すると、また相手も聞いて考えて返事をくれます。このくり返しですね。

友達と相談するときは、まず相手の話を「聞く」ことが大切です。相手の表情を見て、言っていることを注意して聞くと、気持ちが伝わってきます。そうすると、どのように話せばよいかが分かりますよ。

➡次はれんさんの休み時間です。

ここで学ぶこと▶▶▶がまんする

出来事 ろうかでつい走ってしまった

››› 休み時間、れんさんはろうかに出ていました。すると向こうからたろうさんがれんさんの方に走ってきました。

休み時間だけど、雨だから外で遊べないな。
れん
たろう
ろうかで走ったらだめよ！
れんさん、タッチ！おにだよ！
わ、びっくりした！

››› れんさんもおにごっこをしたくなって、がまんできずにたろうさんを走って追いかけました。曲がり角にきました。そこにだれかが近づいてきました。

考えてみよう！

「困った……だって

なんだもん」

どうしてれんさんは困っているか考えてみよう

? れんさんが次から困らないようにするには、どうしたらよいかをいっしょに考えてあげましょう。

- これからおにごっこにさそわれたら、どうしたらいいかな？
- ろうかを走っている子がいたら、どうしたらいいかな？

ゆき先生

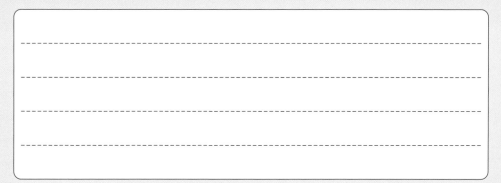

››› れんさんは謝りました。そして、さそわれてもがまんしようと思いました。

ごめんね。
けがとかない？

れん

だいじょうぶだよ。実はぼくも走っていたんだ。ごめんね。

何で走っていたの？ぼくはおにごっこしちゃった。

ぼくもおにごっこをしていたんだ。

やっぱりろうかを走ったら危ないね。これからがまんするよ。

うん、本当に危ないね。もう走らないよ。ぼくもがまんするよ。

友達といると楽しくて遊びたくなるよね。もし、友達がろうかでタッチをしてにげていったら、「おにごっこをしたいんだな」と分かるし、いっしょにおにごっこをしたくなるよね。でも、れんさんはがまんできずに友達に合わせて走ったから、他の友達とぶつかってしまったね。れんさんががまんできていたらぶつからなかったよね。

次は本を読んでいる他のみんなからの質問です。あなたもいっしょに考えてみましょう。

みんなからの質問コーナーです。 あなたも考えて答えてみましょう。
（　　）は、ゆき先生の答えです。

質問 みんなはろうかを走ったことはありますか？

（先生も急いでいたら、つい走りたくなりますが気をつけています。）

質問 ろうかを走ってはいけないのはどうしてだと思いますか？

（ぶつかったらけがをするし、雨の日はすべったりして特に危ないですね。）

質問 楽しそうなことをさそわれてがまんできなかったことはありますか？

（先生は、授業中におやつをこっそり食べたことがありました。）

››› いろいろな答えがあったよね。では最後にコグトレ先生からのアドバイスだよ。

ここのまとめ

ろうかは広いので、ついつい走りたくなりますね。でも、ろうかは危険がいっぱいです。たくさんの人が利用するので、走るとぶつかることが多いのです。特に、走って曲がり角でぶつかると勢いがついているので大けがにつながります。歯が折れてしまったり、頭を強く打ったりして病院に行くことになるかもしれません。

また雨の日はとてもすべりやすくなります。友達からさそわれてもがまんしましょう。そして友達にやめるように注意しましょう。

➡次は4時間目の授業です。

ここで学ぶこと▶▶▶みんなで話し合う

出来事 気にしていることを言ってしまった

››› 4時間目は国語の授業です。れんさんはグループで話し合いをすることになりました。

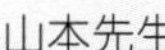

では、今から話し合いです。
机を４人グループにしてください。

友だちの作文を読み合ったら、
順番に感想を伝え合いましょう。

はい。

ではあやかさんから読んでもらおう。

あやかさん、みんな待っているから、速く読んでくれる？このグループだけ話し合いができないよ！

れん

あやか

ごめんなさい、私は読むのが苦手なの。みんなみたいに速く読めないの。

れんさん、ひどいよ。ね、あやかさん、私が読むから聞いてくれたらいいよ。

れんさん、だめだよ！あやかさんは読むのが苦手ってみんな知ってるよ。山本先生もいつも「応援してね」って言ってるでしょ。

そうだったっけ。ぼくは、先生の言う通りに早く感想を言いたかっただけなんだ。でも悪いこと言った。しまった……

考えてみよう!

どうしてれんさんは「しまった」と思ったか考えてみよう

「しまった……だって

なんだもん」

? あやかさんが次から困らないようにするには、れんさんはどうしたらよいかをいっしょに考えてあげましょう。

ヒント

- 読むのがおそい子がいたら、どうしたらいいかな？
- グループで協力するには、どうすればいいのかな？

ゆき先生

›››　そこで、れんさんはあやかさんのことを考えてみんなと話し合いました。

話し合いって難しいね。じゃあ、読み合うのをやめて、自分が書いたことを発表し合おうよ。それから感想を出し合えばうまくいくね。
れん

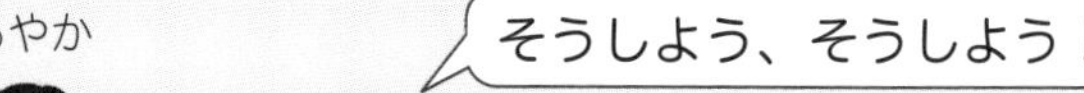
そうしよう、そうしよう！

あやか
私は……と書きました。どうですか？
大事なところをくわしく書いていていいと思います。
れん

ゆき先生からの
アドバイス

先生が「話し合いをしましょう」と言ったら、早く話し合いをしないといけないと思うよね。れんさんは他のグループの話し合いが始まっていたから、余計にあせってしまったんだね。でも、話し合いが苦手な人もいるよね。グループだったら助け合いや協力をしながら学習できるね。

では、次は本を読んでいる他のみんなからの質問です。あなたもいっしょに考えてみましょう。

みんなからの 質問 コーナーです。

あなたも考えて答えてみましょう。
（　　）は、ゆき先生の答えです。

質問 みんなはクラスの友達の得意なことや苦手なことを知っていますか？

（毎日いっしょにいるとだんだん分かってきますね。）

質問 友達が苦手なことがあったら、何か助けてあげたことがありますか？

（先生は、落とし物が多い友達が落とした物を拾ってあげました。）

質問 グループ学習ではどんなことに気をつけて学習しますか？

（先生は、友達の意見をしっかりと聞くようにしていました。）

››› いろいろな答えがあったよね。では最後にコグトレ先生からのアドバイスだよ。

ここのまとめ

コグトレ先生

グループ学習をすると、いろいろな友達といっしょに学習します。みんな得意なこと、苦手なことがちがうから、おたがいをよく知っておくと協力ができますね。「読むのが苦手」という人もいれば、「書くのが苦手」という人もいます。グループだからこそ、得意なことを出し合って、いろんなことが苦手な友達がいても助け合うことができるといいですね。

➡次は給食の時間だよ。

ここで学ぶこと▶▶▶失敗を責めない

出来事 食器を落としちゃった

››› 4時間目が終わり、これから給食です。ゆいさんは、給食当番で食器を運んでいるところです。重たいけど、みんなお腹をすかしているので、急いでいました。

よいしょ、よいしょ。重いね。手が痛いよ。
何言ってるの！もうすぐ階段よ！しっかり持ってよ！
ゆいさん、待って。無理！
無理とか……無理！階段だから上るよ！
ゆい
ぼくこそ、ごめん……
ガラガラガシャーン！
あ……ごめんね。
ゆい

››› 2人は給食室で落とした食器を消毒してもらっていました。しかし教室にもどると、クラスのみんなはおこっていました。

おそくなってごめんね、落としたから消毒してもらってたの。

お腹すいたよ！他のクラスはもう食べているよ！

どっちが悪いの？ゆいちゃんが急がせたんじゃないの？

あ〜ん！！ひどいよ！ゆいは一生懸命急いだのに！みんなのためにがんばったのに……
(悲しい……)

それでおそかったのか！
食器がないと何も準備ができないよ。

考えてみよう!
「悲しい……だって
なんだもん」

どうしてゆいさんは悲しんでいるか考えてみよう

❓ ゆいさんが次から悲しまないようにするには、どうしたらよいかをいっしょに考えてあげましょう。

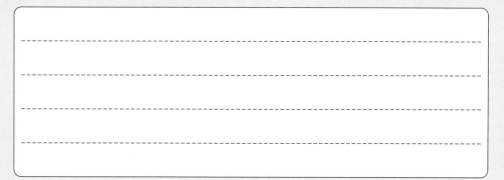

- これは、ゆいさんが悪かったのかな？
- みんなが言ったことについてどう思う？

ゆき先生

››› みんなは、ゆいさんが悪くなかったことを知り、責めたことを謝りました。

ゆいさん泣かないで！
ぼくがもっとしっかり持てばよかったの。

2人とも泣かないで。お腹がすいて、つい言っちゃったんだ。責めてごめんね。
みんなのためにがんばってくれてありがとう。準備が終わったから食べよう。

分かってもらえてよかった。
ゆい

給食当番は大変な仕事だね。重い食器や牛乳を運ぶのは力がいるし、2人で協力しないといけない。どちらかが速く歩いたり、どちらかが力をゆるめたりしたらバランスがくずれてしまうね。

でもみんなから急いで教室にもどった2人を責めるような言葉かけがあったね。これはどうかな？お腹がすいているときに待っていたらつい言いたくなるけど、言われた人はつらいよね。おたがいに気持ちよく過ごせる言葉をかけられるといいね。

次は本を読んでいる他のみんなからの質問です。あなたもいっしょに考えてみましょう。

みんなからの 質問 コーナーです。　あなたも考えて答えてみましょう。（　　）は、ゆき先生の答えです。

質問　みんなは何か失敗したことがありますか？

（先生は、いろいろしたけど、給食でお茶をこぼしました。）

質問　失敗してみんなから責められたことがありますか？

（先生は、友達から文句を言われました。悲しかったです。）

質問　失敗した友達を責めたことはありますか？

（先生も給食当番がおそいとき、つい、おそいっておこってしまったことがあります。）

››› いろいろな答えがあったよね。では最後にコグトレ先生からのアドバイスだよ。

ここのまとめ

給食当番だけでなく係の仕事は大変なことがあります。だからこそみんなで協力する気持ちが大切ですね。でもときには失敗することがあります。そんなとき、失敗した人がみんなから責められたら悲しくなりますよね。だれでも失敗することがあります。そんなときみんなから「だいじょうぶだった？」とやさしく声をかけてもらえると、失敗した人の気持ちもやわらぎ、またがんばろうという気持ちになります。相手を思いやる気持ちはとても大切ですね。

➡次はれんさんが給食を食べているところです。

ここで学ぶこと▶▶▶はっきり伝える

出来事 給食中に気持ち悪くなった

››› 給食の準備ができたので、これからみんなで食べるところです。

山本先生

みなさん、手を合わせてください。いただきます。

いただきます。

シチューもおいしいよ。

お魚のフライがおいしいね。

れん

おいしいね。でも、ぼく……野菜が苦手なんだ……

お腹すいたね。おいしそう。私はお米が大好きなの。

苦手だったら先に減らしてもらえばいいよ。

でも、もう食べはじめているし……。お母さんにもできるだけ食べなさいって言われてるから。

無理しなくていいよ。先生に言えばだいじょうぶ。

先生！れんさんが気持ち悪そう！

あ、はきそう。

う……にがい……やっぱりだめ……気持ち悪い……困った……

考えてみよう!

どうしてれんさんは困(こま)っているか考えてみよう

❓ れんさんが次から困(こま)らないようにするには、どうしたらよいかをいっしょに考えてあげましょう。

ヒント

● 苦手なものがあるときはどうしたらいいかな？
● 先生にどんなふうに話しておくといいかな？

ゆき先生

››› そこで、れんさんは苦手な食べ物のことを山本先生に言いました。

れんさん、もうだいじょうぶ？
これからはどうしたらいい？

山本先生

れん

野菜が苦手だから、
先に減らしてほしいです。

そうだね。無理をしなくていいよ。苦手だったら少しずつ試してみましょう。れんさんもしんどいし、みんなも心配しちゃうからね。

よく分かりました。
みんな、心配させてごめんね。

いいよ。みんな苦手なものがあるよ。いっしょだよ。

れんさんは苦手なものをちゃんと先生に言えたね。無理していいことはありません。がんばっても無理なときは、先生や友達に相談したら助けてくれるよね。

次は本を読んでいる他のみんなからの質問です。あなたもいっしょに考えてみましょう。

みんなからの質問コーナーです。
あなたも考えて答えてみましょう。
（　　）は、ゆき先生の答えです。

質問 みんなは給食のメニューで何が好きですか？

（先生は、うどんやスパゲティーが好きです。）

質問 きらいな食べ物はありますか？

（先生はレバーが苦手ですが、給食には出ませんでした。）

質問 苦手な食べ物があったらどうしますか？

（アレルギーの人もいるので、苦手なものがあったら減らしてもらうといいですね。）

››› いろいろな答えがあったよね。では最後にコグトレ先生からのアドバイスだよ。

ここのまとめ

給食は、栄養のバランスを考えて作ってくれているのでしっかりと食べましょう。でも気をつけないといけないこともあります。アレルギーのある人は、食材にアレルギーになる物が入っていないか確認をしましょう。保護者の方や先生方も気をつけますが、自分でも気をつけましょう。また、においや味、食感など、感覚として苦手な食べ物がある場合もあります。その場合も無理をする必要はありません。アレルギーがなかったら、少しずつ試して慣れればいいですし、どうしても無理なら、お家の人と「食べられません」と言う練習をしておいてもいいですね。

➡次は、ゆいさんの給食の時間です。

ここで学ぶこと▶▶▶雰囲気に流されない

出来事 早食い競争は危険

››› 今度は、ゆいさんが何かを始めようとしています。

給食はおいしいね！今日のパンは黒糖パン。私、大好きなんだ。

おいしいよね！ぼくだったら、10秒で食べられるよ。

ゆい

あら？私もあっという間に食べられるよ。競争してみる？

いいよ。絶対にぼくが勝つから。だれか「ようい、どん！」って言って。

だいじょうぶよ！

え？危ないからやめたほうがいいよ。

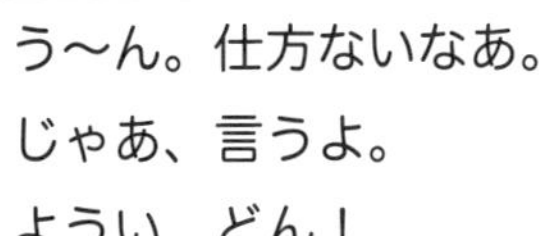

う〜ん。仕方ないなあ。じゃあ、言うよ。ようい、どん！

だいじょうぶだって。

››› 2人は、パンの早食い競争を始めました。

ぱくぱく……

ごっくん……

もぐもぐ……

むしゃむしゃ……

あれ、どうしたの？

先生！ゆいさんが大変です！

あー……苦しい……(困った……)

早くしないと！

先生！早く！急いで！ゆいさんが！パンをのどにつまらせました！早く！早く！

考えてみよう!

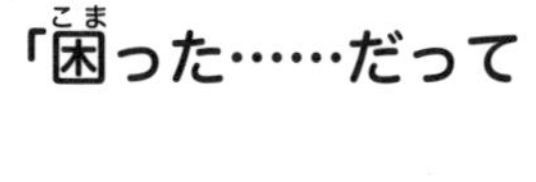

「困った……だって

なんだもん」

どうしてゆいさんは困っているか考えてみよう

❓ ゆいさんが次から困らないようにするには、どうしたらよいかをいっしょに考えてあげましょう。

ヒント

- 雰囲気に流されて早食い競争をしたら、どんなことが起きてしまうかな？
- これから流されそうになったら、どうしたらいいかな？

ゆき先生

››› そして田中先生が急いで来ましたが、ゆいさんはのどのつまりが取れました。

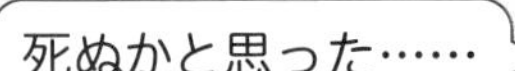

死ぬかと思った……

ゆい

田中先生

ゆいさん、だいじょうぶ？

パンが出てよかった。もう少しで息が止まるところだったかも……

……

ゆいさん、でも、どうしてこんなことになったの？

ぼく、危ないと思ったけど、だいじょうぶって言うから「ようい、どん！」って言っちゃった。

雰囲気に流されたのがいけないよね。

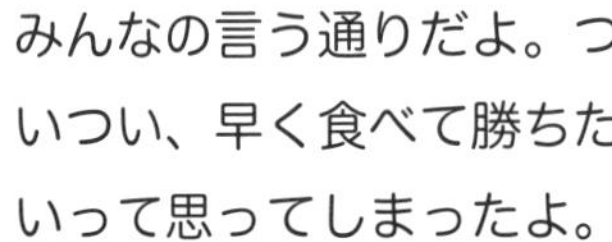

みんなの言う通りだよ。ついつい、早く食べて勝ちたいって思ってしまったよ。

私も、早食い競争ってすごく危ないことだとよく分かった。「危ない」って言ってもらったのに「だいじょうぶ！」なんて答えてしまって……全然だいじょうぶじゃなかった。みんな、心配かけてごめんなさい。

したことはよくないことだけど、救急車を呼ぶようなことにならなくてよかった。今日のことはクラス全体の勉強になったね。

給食をみんなと食べていると、とても楽しい気持ちになるね。それだけに、雰囲気に流されて食べたり飲んだりする速さを競争することがあるね。ゆいさんは自分ではのどをつまらせると思っていないし、つまらせたことがなかったら苦しさも知らないしね。今回はすぐに取れてよかったけど、本当に危なかったよね。

次は本を読んでいる他のみんなからの質問です。あなたもいっしょに考えてみましょう。

みんなからの質問コーナーです。　あなたも考えて答えてみましょう。
(　　)は、ゆき先生の答えです。

質問　みんなは早食い競争をしたことはありますか？

(先生は、グループでだれが早く食べ終わるかを競争したことがあります。)

質問　食べ物をのどにつまらせたことはありますか？

(先生は、魚の骨をつまらせたことがあります。とても痛かったです。)

質問　雰囲気に流されて危なかったことはありますか？

(先生は、子どものころ、みんなが赤信号を無視してわたっていたので、先生もわたったら車にひかれそうになりました。今は信号は守ります。)

››› いろいろな答えがあったよね。では最後にコグトレ先生からのアドバイスだよ。

ここのまとめ

早食い競争は、みなさんも一度はしたことがあったり、人がしているのを見たことがあったりするでしょう。「牛乳を3秒で飲めるよ」とじまんする人もいますね。でも、それは危険です。私たちはのどをつまらせて呼吸ができなくなったら、5分くらいで死んでしまったり、助かっても体や脳に後遺症が残ったりします。そうなったら、みんなが悲しくつらい思いをすることになります。

危ないことは早食い競争以外にもいっぱいあります。雰囲気に流されて危ないことをして取り返しのつかないことにならないように注意しましょうね。

➡次は給食が終わって、昼休みです。ゆいさんが運動場で遊んでいます。

ここで学ぶこと▶▶▶責任をおしつけない

出来事 遊具でおにごっこをしたら危ない

››› 給食が終わり、昼休みになりました。ゆいさんは友達と運動場で遊んでいます。

おにごっこを始めよう！
おにを決めよう。
ゆい
いいよ！
オーケー！
勝った！にげるところは
ジャングルジムでもいい？
じゃんけんぽん！

››› みんなはジャングルジムに向かいました。そこにおにがやってきました。

早く！急がないと
おにつかまるよ！
おにだよ！
ともき

››› ところが、急いでいたともきさんが落ちてしまいました。

だいじょうぶ！？
大変！
ともきさんが落ちた！
わあ！
保健の先生を呼んでくる！

››› 保健室に行ったともきさんは、病院でみてもらうことになりました。

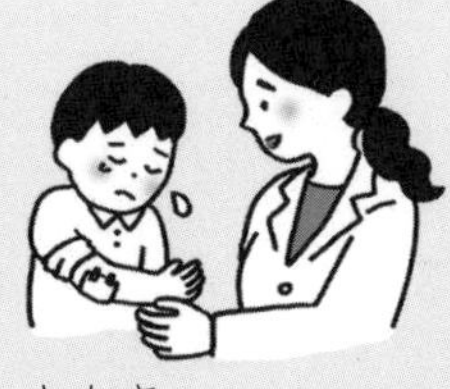

痛かったね。だいじょうぶだと思うけど、一応、病院へ行きましょう。

うん。

でも、どうしてジャングルジムでおにごっこをしたの？禁止ですよ。

つい、楽しくて……。禁止なのは知っていたけど、みんなでしていたからいいかな？と思ってしまいました。

ともき

››› するとみんなが、ゆいさんが悪いと言いはじめました。

そういえば、ゆいさんが言いだしたよね。

ゆいさんが、早く上らないとつかまるよ！って言ってから落ちたよね。ゆいさんが悪いよ。

私のせいなのかな……
(困った……)

ゆい

どうしてゆいさんは困っているか考えてみよう

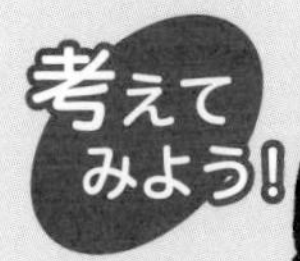

「困った……だって

なんだもん」

? ゆいさんが次から困らないようにするには、どうしたらよいかをいっしょに考えてあげましょう。

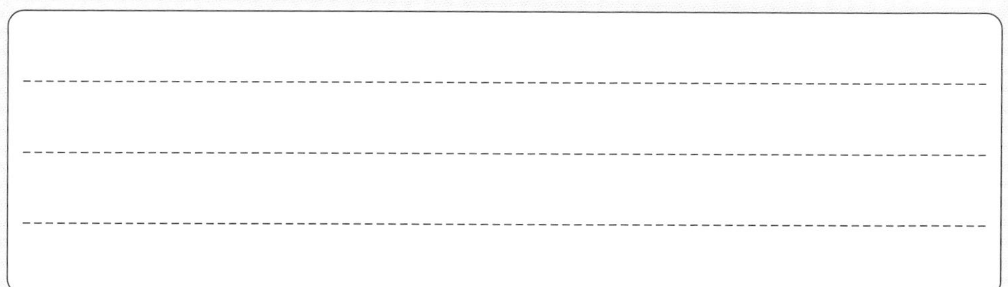

- どうしてジャングルジムでおにごっこが禁止なのか分かりますか？
- ゆいさんだけが悪いのかな？

ゆき先生

››› そしてゆいさんは謝りました。

ゆいさんだけじゃなくて、みんなも「いいよ！」「オーケー！」って言っていたよね。

そうだね。みんなの責任だね。

これからは、みんなで声をかけ合って正しく遊ぼうよ。

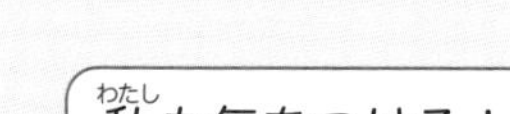

私も気をつける！

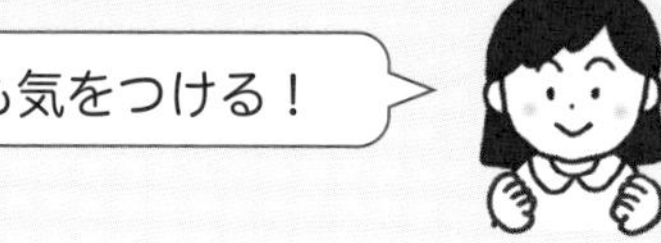

そうしよう、みんなで気をつけなくちゃ。

ゆい

ともき

ジャングルジムを使っておにごっこをするのは危ないね。絶対してはいけないね。もし、だれかがルール違反の遊びをしようって言いだしたらどうする？ゆいさんが言いだしたことを、みんな「いいよ！」「オーケー！」と言っていたね。友達がけがをした後、みんなは言いだしたゆいさんの責任にしたよね。ゆいさんはそのときどんな気持ちだったかな？

次は本を読んでいる他のみんなからの質問です。あなたもいっしょに考えてみましょう。

みんなからの質問コーナーです。

あなたも考えて答えてみましょう。
（　　）は、ゆき先生の答えです。

質問 みんなはジャングルジムでおにごっこをしたことはありますか？

（子どものころはありましたが、こわかったです。）

質問 だれかが「ジャングルジムでおにごっこをしよう」と言いだしたらどうしますか？

（先生は、断るのが難しいなあ、と思います。）

質問 何か失敗をしたとき、１人の人のせいにすることをどう思いますか？

（みんな、自分が悪くなるのはいやだけど、よくないですね。）

››› いろいろな答えがあったよね。では最後にコグトレ先生からのアドバイスだよ。

ここのまとめ

コグトレ先生

みんなで遊んでいると、もっと楽しく遊びたくなることがあります。遊具には、正しい使い方があります。使い方をまちがうと大きなけがや命にかかわるけがにつながります。そのときに、まちがった遊具の使い方をするようにさそわれたらどうしますか？断るのが難しいときもありますね。そのときは先生にも協力をしてもらって、みんなで話し合う機会をもつといいですね。

また、何か失敗をしたときにだれか１人のせいにすることもやめましょう。自分はどうだったかな？何かできることはなかったかな？と考えるようにしましょう。

➡次は、れんさんがサッカーをして遊んでいるところです。

ここで学ぶこと▶▶▶責任をとる

出来事 サッカーボールをけるときは

››› れんさんは、ひろとさんと、さとるさんと3人でサッカーをして遊んでいます。

ひろとさん、シュート5本ずつって言ったよね。もう交代だよ。
れん
分かった。もう10本目だよね。
よし！最後のシュートだ！あっ！
ひろと

››› ひろとさんがけったボールが、近くで遊んでいた１年生に当たりました。

いたい！え～ん！
ごめん、ごめん、だいじょうぶ？
１年生だよ、保健室へ連れて行ってあげないとだめだよ。
あ、ぼくも連れて行くよ。
ぼくが連れて行くよ。
さとる

››› れんさんはさとるさんといっしょに保健室に来ました。でもひろとさんは来ませんでした。

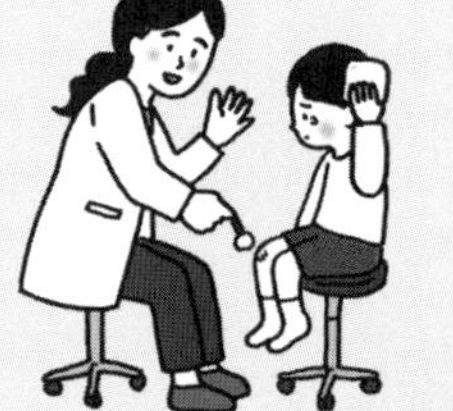

ありがとう、あとは先生に任せてね。まだ休み時間だから遊んできていいですよ。

よろしくお願いします。

それにしても、ひろとさんは何してるんだ？

›››　れんさんが運動場にもどると、ひろとさんはまだサッカーをやっていました。

次も決めるぞ！
ひろと

もう！自分勝手だな！あ、危ない！（腹が立つなあ）
れん

考えてみよう！

「腹が立つなあ……だって
なんだもん」

どうしてれんさんはおこっているか考えてみよう

❓ れんさんが次からおこらないですむようにするには、ひろとさんはどうしたらよいかをいっしょに考えてあげましょう。

●遊ぶ前に何を決めたほうがよかったかな？
●だれかをけがさせたときは、どうすればいいかな？

ヒント
ゆき先生

››› れんさんはひろとさんにはっきりと言いました。

ひろとさん、だめだよ！周りを見てからボールをけらないといけないよ。

れん

ひろと

れんさんごめん、ついつい夢中でシュートの練習をしてしまったよ。

それに、自分がけがさせた1年生を人に任せて、自分だけシュートの練習をするなんてひどいよ。

1年生も保健室へ連れて行ってくれてありがとう。これからは気をつけるよ。

ゆき先生からのアドバイス

運動場はたくさんの人が遊ぶところだね。おにごっこをしている人、なわとびをしている人、鉄棒をしている人……いろいろだね。だからひろとさんはサッカーボールをけるときは、周りのみんなに気をつけないといけなかったよね。

小学校は、1年生から6年生までいて、体の大きさがちがうね。1年生は知らないことも多いし、とくに気をつけないといけないよ。ひろとさんは、ボールをけることに夢中でした。自分では、ただサッカーに夢中だったつもりですが、けがをさせた1年生を友達に任せていました。けがをさせたら責任をもって保健室に連れていかないといけませんね。

次は本を読んでいる他のみんなからの質問です。あなたもいっしょに考えてみましょう。

みんなからの質問 コーナーです。 あなたも考えて答えてみましょう。
(　　)は、ゆき先生の答えです。

質問 **みんなは運動場では何をして遊びますか？**

(先生は、ドッジボールをすることが多かったです。)

質問 **運動場でボール遊びをするときに気をつけることは何ですか？**

(おにごっこをしている子とぶつかりそうになって、びっくりしました。)

質問 **だれかをけがさせたらどうしたらいいですか？**

(先生も、ボールを当ててけがをさせたことがあります。すぐに保健室に連れて行きました。)

››› **いろいろな答えがあったよね。では最後にコグトレ先生からのアドバイスだよ。**

ここのまとめ

運動場はたくさんの人がいっしょに遊びます。それに、グループごとにちがう遊びをしています。みんなで遊んでいても、楽しいことばかりではありません。どこでけがが起こるか分かりません。もしけがをさせたら骨が折れていたりすることもありますので、自分たちだけで判断せず、必ず保健室に連れて行きましょう。

みんなで遊ぶときだけのルールではなく、これから大人になるみんなが学ばないといけないルールでもあります。

➡次は、そうじの時間です。

ここで学ぶこと▶▶▶協力する

出来事 そうじ当番を忘れていた

››› 昼休みが終わり、これからそうじの時間です。ゆうとさんとれんさんはトイレのそうじ当番です。ゆうとさんはがんばっています。でもれんさんがなかなか来ません。

さあ、そうじだ。がんばるぞ！
サッサ、サッサッサ……
れんさん、おそいなあ。
ゆうと
れん
次は、ふきそうじっと。ピカピカにするぞ！まだ、れんさんは来ないな。

››› そこに山本先生が通りかかりました。

あ、先生。れんさんが来ないんです。

山本先生

ゆうとさん、どうして1人でそうじをしているの？

››› そこにやっとれんさんが来ました。

あ。ゆうとさん、ごめん。（友達とゲームの話をしてて忘れてた……困った！）

あらあら、ゆうとさんはずっと1人でそうじをしていたのよ。

考えてみよう!
「困った……だって
なんだもん」
どうしてれんさんは困っているか考えてみよう

れんさんが次から困らないようにするには、どうしたらよいかをいっしょに考えてあげましょう。

- 1人でそうじをしていたゆうとさんは、どんな気持ちかな?
- れんさんがそうじを忘れないようにするには、どうしたらいいかな?

ヒント
ゆき先生

>>> そして、れんさんは謝り、そうじを始めました。

あとは任せて！

やったあ。ピカピカだ！

ゆうとさん、ごめんね。
今度は忘れないよ。

いいよ。今度は声をかけるね。

ありがとう！

　れんさんはそうじを忘れていたけれど、その後に一生懸命にそうじをしました。そして、「ゆうとさん、ごめんね」と謝ることができました。また、ゆうとさんは一度もれんさんをおこったり責めたりしませんでした。そのおかげで気持ちよく過ごすことができましたね。

　「今度は声をかけるね」「今度は忘れないよ。ありがとう」と協力してそうじを終わることができてよかったですね。そうじの仕方を覚えることは、自分のためにもなるね。

　次は本を読んでいる他のみんなからの質問です。あなたもいっしょに考えてみましょう。

みんなからの 質問 コーナーです。　あなたも考えて答えてみましょう。
（　　）は、ゆき先生の答えです。

質問 みんなの今のそうじ当番は何ですか？

（先生は、ほうきではく当番が多かったです。）

質問 そうじ当番で大変だったことはありますか？

（風の強い日は、せっかく集めたごみが飛ばされて困りました。）

質問 そうじ当番を忘れた人のことをどう思いますか？

（忘れていたのはいけないけど、次からがんばってもらったらいいですね。）

››› **いろいろな答えがあったよね。では最後にコグトレ先生からのアドバイスだよ。**

ここの まとめ

そうじはみんなが気持ちよく学校で勉強できるために大切な仕事です。ごみだらけの中では勉強もやる気が出てきませんし、給食も食べたくないですよね。

みんなが力を合わせて協力してそうじをすると、学校全体がきれいになります。逆に、もしもみんながそうじをしなかったらどうですか？１人や２人ががんばっても、学校は簡単にきれいになりません。協力したみんなの力の大きさがよく分かりますね。

➡学校が終わってれんさんとゆいさんは家に帰りました。そしてまた遊びに行きます。

ここで学ぶこと▶▶▶約束をする

出来事 遊ぶ約束をしたけど、友達が来ない

››› 学校が終わり、れんさんは友達と遊ぶ約束をして駅の前で待っています。でもなかなか友達が来ません。そこに公園に向かっているゆいさんが通りかかりました。

ゆい

れん、こんなところで何してるの？1時間くらい前に家を出たでしょ。

れん

あ、ゆい。友達とここで待ち合わせなんだ。ずっと待っているのに全然来ないんだ。

きっとその子は忘れているよ。いっしょに公園に行こう。

でも、後から来たらどうしよう。（困った！）

考えてみよう!
「困った……だって
なんだもん」
どうしてれんさんは困っているか考えてみよう

❓ れんさんが次から困らないようにするには、どうしたらよいかをいっしょに考えてあげましょう。

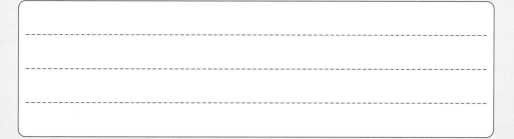

- 友達と約束するときに気をつけることは何かな？
- これから友達が来ないときはどうしたらいいかな？

ヒント
ゆき先生

››› やはり友達は来ないので、れんさんはもうあきらめて図書館に行くことにしました。

ゆい

だいじょうぶ。1時間も待ったんだから、れんは悪くないよ。

れん

そうだね、じゃあぼくは図書館に行くよ。

でも、ゆいはどうして友達が忘れているって思うの？

実はね、昔、ゆいがやっちゃったんだ。約束を忘れて別の子と遊んじゃった。

それでね、次の日にいっぱい謝ったの。そしたら許してくれたよ。

よかったね。明日、ぼくも「きのう、どうしたの？」ってやさしく聞いてみるね。

友達と遊ぶ約束をしたとき、忘れてしまったり、急に用事ができてしまったりして約束を守れないことってあるよね。約束を守れなかったら「どうしよう……」と不安になるし、逆に約束を破られたら「腹が立つ」とか「もう○○さんとは遊ばない」とか思うかもしれないね。

れんさんはゆいさんから声をかけてもらったから、明日どうしたらいいかが分かったね。もし友達が約束を守れなくても、まずはやさしく聞いてみるといいね。

次は本を読んでいる他のみんなからの質問です。あなたもいっしょに考えてみましょう。

みんなからの質問コーナーです。　あなたも考えて答えてみましょう。
（　　）は、ゆき先生の答えです。

質問 みんなは学校から帰って、友達と遊びますか？

（先生は、３年生くらいから友達とよく遊びました。）

質問 遊ぶ約束はいつしますか？

（先生は、休み時間に遊ぶ約束をしました。）

質問 約束をしたのに友達が来なかったことはありますか？

（待っても来なかったことがあります。逆に急用で行けなかったこともありました。次の日、とても申し訳なくてたくさん謝りました。）

›››　**いろいろな答えがあったよね。では最後にコグトレ先生からのアドバイスだよ。**

ここのまとめ

友達と約束をするときに、場所と時刻をしっかりと決めていますか？ときどき、「時刻を決めていなくて、すれちがいになって会えなかった」ということがあると聞きます。時刻を決めておくことも大切ですね。

もし、急用で行けなくなったらお家の人が連絡先を知ってくれていたらすぐに伝えられるので、お家の人に協力をしてもらうのもいいですね。それで次の日に謝ると気持ちよく過ごせます。

約束は守るのが当たり前です。大人になると約束を守らないと信用がなくなります。また約束をするときは、きちんと守れることを約束しましょう。

➡次は、ゆいさんが公園に着いたところです。ゆみさんも来ていました。

ここで学ぶこと▶▶▶考えを変える

出来事 公園を占領されちゃった

››› ゆいさんは公園に着きました。ゆみさんと待ち合わせしていました。

ゆみ

みんな広場でボール遊びをしているね。

ゆい

すべり台もしたいし、後からボール遊びに入れてもらいたいね。

ゆいさん、ジャングルジムに上ろうよ。

››› ゆいさんとゆみさんはジャングルジムに行こうとしました。するとそこに中学生の男の子たちがやってきました。

とりあえずジャングルジムに上ってゲームしようよ。

あ、ジャングルジムを占領されちゃったね。

中学生かな？大きい男の子たちだと何も言えないね。

いいよ、他のことして遊ぼう。

››› 2人は他の遊びをしようと思いました。

何して遊ぶ？

ボール遊びに入れてもらおうか。

››› ところがまた中学生たちがやってきました。

よし、今度はサッカーしようよ。ボール持ってきたよね。

サッカーボールが飛んできそうだね。

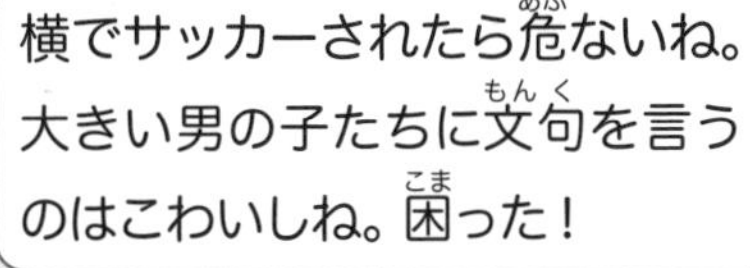

横でサッカーされたら危ないね。
大きい男の子たちに文句を言うのはこわいしね。困った！

どうしてゆいさんは困っているか考えてみよう

「困った……だって

なんだもん」

？ ゆいさんが次から困らないようにするには、どうしたらよいかをいっしょに考えてあげましょう。

- ボール遊びの他の遊びはない？
- 必ず公園で遊ぶ必要はあるかな？

ゆき先生

››› 考えを変えて、2人はちがう遊びをすることにしました。

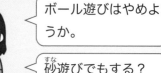

ボール遊びはやめようか。

砂遊びでもする？

ゆみ

けがしそうだしね。

ゆい

ゆき先生からのアドバイス

こんな経験はあるかな？友達と遊ぼうとしているのに、自分より大きい子がやってきて公園を占領してしまうの。相手が大きいから何も言えなくて、遠慮して帰ってしまうこと、だれでもあるかもしれないね。中には、「いっしょに遊ぼう」と声をかけてくれることもあるけどね。

トラブルになるよりは、ゆいさんたちのように考えを変えて、ちがう遊びをする方がいいときもあるよね。次は本を読んでいる他のみんなからの質問です。あなたもいっしょに考えてみましょう。

みんなからの 質問(しつもん) コーナーです。 あなたも考えて答えてみましょう。
（　　）は、ゆき先生の答えです。

質問 みんなは公園でよく遊びますか？

（先生は、よくみんなとドッジボールをしました。）

質問 大きな子がいて遊べないことはありませんでしたか？

（先生は、大きな子が遊んでいたら、遠慮(えんりょ)して帰ってしまいました。）

質問 小さい子に気をつけて遊んでいますか？

（小さい子は転びやすいので、当たると危(あぶ)ないですね。）

››› いろいろな答えがあったよね。では最後(さいご)にコグトレ先生からのアドバイスだよ。

ここのまとめ

公園は遊具があったり、広くていろいろなスポーツができたりして楽しい場所です。でも、ときどき大きい子が占領(せんりょう)してしまうことがあります。小さい子は、こわいし遠慮(えんりょ)して帰ってしまうことがあります。そんなときは無理(むり)に公園で遊ぶのではなく考えを変(か)えて、ちがうところに行ったり、家で遊んだりするほうがいいときもあります。

もしも、危険(きけん)な場面に出会ったら、大人の人の力を借(か)りましょう。だれかがけがをした、こわい人に出会ったなど、何が起こるか分からないということも考えておくといいです。安全に過(す)ごすため、「自分の身は自分で守る」という気持ちをいつも持っていてください。

➡次は、ゆいさんが家に帰ってきたところです。

ここで学ぶこと▶▶▶うまく断る

出来事 友達が急に家へ遊びに来た

››› ゆいさんは公園から帰ってきました。家で宿題をしようと思っていました。そこに突然、さくらさんが遊びに来ました。

ピンポン

こんにちは。

あ、さくらさん、
遊ぶ約束していたかな？

さくら

してないけど、
遊ぼう。

でもまだ、宿題が終わっていないの。

じゃあいっしょにしよう。宿題を持ってきたの。

わかった。早く終わらせて外へ遊びに行こうか。

終わった！
さあ外で遊ぼう！

終わったね。のどがかわいた。
冷蔵庫に何かあるかな？

ツカツカツカ……

あ、オレンジジュースがあった。飲もうっと。

さくらさん、だめだよ。
勝手に冷蔵庫を開けるなんて！（困った……）

何で？のどがかわいたからいいじゃない。

考えてみよう!

どうしてゆいさんは困っているか考えてみよう

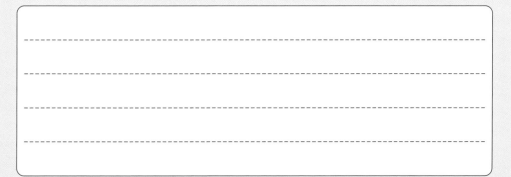

? ゆいさんが次から困らないようにするには、どうしたらよいかをいっしょに考えてあげましょう。

● これから突然、友達が家に来たらどうしますか？
● 友達の家でのどがかわいたときは、どうしたらいいかな？

ゆき先生

起床 学校着 1時間目 休み時間 2時間目 休み時間 3時間目 休み時間 4時間目 給食 昼休み そうじ 放課後 家で

››› ゆいさんはさくらさんに話しました。そしてだめなことはだめだと断りました。

さくらさん、友達の家へ来て勝手に冷蔵庫を開けるのはいけないのよ。

そうなの？友達の家ではだめなの？

それに、飲み物や食べ物を自分からほしいって言うのもよくないよ。それぞれの家の都合があるでしょ。

冷蔵庫もそうだけど、あちこち見て回るのも失礼なんだよ。私は冷蔵庫の中を見られて、何だかはずかしいよ。

そうなんだ。自分の家みたいに冷蔵庫を開けちゃってごめんね。これから自分の水とうを持ってくるね。

みんなは友達の家へ遊びに行ったとき、自分の家のようにしていないかな？さくらさんはいくらのどがかわいたからといっても、それぞれのお家で準備している食べ物や飲み物を勝手に食べたり飲んだりしてしまったらダメですね。仲よく、気持ちよく遊べるように自分たちで工夫しようね。

次は本を読んでいる他のみんなからの質問です。あなたもいっしょに考えてみましょう。

みんなからの質問コーナーです。　あなたも考えて答えてみましょう。
（　　）は、ゆき先生の答えです。

質問 **みんなは友達と遊ぶとき、約束をしてから家へ行っていますか？**

（先生は、遊んでいる途中で家へ行ったことがあります。お家の人がおどろいていました。）

質問 **友達の家で食べ物や飲み物をもらったことはありますか？**

（お母さんがいるお家でおかしを出してもらったことがあります。）

質問 **友達の家で遊ぶときに気をつけていることは何ですか？**

（先生は、通してもらった部屋だけにいるようにしました。）

››› **いろいろな答えがあったよね。では最後にコグトレ先生からのアドバイスだよ。**

ここのまとめ

コグトレ先生

突然、友達の家へ行くと、相手はおどろいてしまいます。必ず約束をしておきましょう。友達の家では、勝手に部屋の戸を開けたり、ちがう部屋へ入ったりしてはいけません。物をさわることもやめましょう。物をさわって、よごしたりこわしたりしたら大変です。

お家の人が仕事をしていていなければ、おたがいに「おかしを持ってくる」「水とうを持ってくる」と決めておくと便利ですね。

➡次は、お母さんが帰ってきてお手伝いをするところです。

ここで学ぶこと▶▶▶お手伝いする

出来事 お手伝いは大切

››› お母さんが帰ってきました。でも部屋が散らかっています。いっしょに部屋のかたづけをしています。

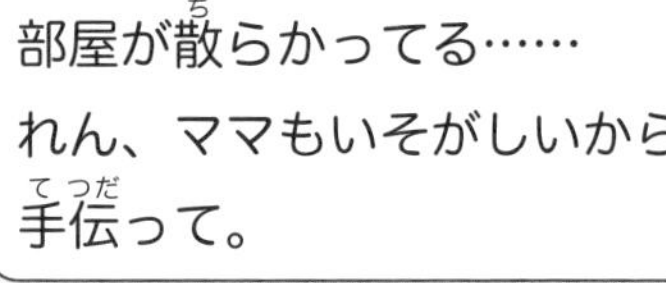

部屋が散らかってる……
れん、ママもいそがしいから
手伝って。

お母さん

れん！また、どこにいるの？お手伝いがいやで、すぐにいなくなるね。ゆいがやるから、早くかたづけよう。

ゆい

ゆい、いつもありがとう。ゆいはお手伝いをたくさんするから、食器を洗うのも、洗たく物をたたむのも上手になったね。

てれる！

››› そこにれんさんが2階からおりてきました。どうやらお手伝いという宿題があるようです。

ねえ、ママ、社会科の宿題で「お手伝い3つ」って出たよ。どうしよう。

れん

あらあら、3つどころか、1つもできないわね。

何で宿題で「お手伝い」なの？ぼく、何もできないのに。（困った！）

考えてみよう！

「困った……だって
なんだもん」

どうしてれんさんは困っているか考えてみよう

❓ れんさんが次から困らないようにするには、どうしたらよいかをいっしょに考えてあげましょう。

● お手伝いにはどのようなことがあるかな？
● お手伝いは何のためにするのかな？

ヒント
ゆき先生

››› そこで、れんさんは宿題のため、お母さんに聞いてみました。

お手伝いって何したらいい？

じゃあ、ジャガイモの皮をむいて。簡単よ。

››› うまくジャガイモの皮もむけて、ご飯を食べています。

いただきます。今日のサラダはいつもよりおいしいね。れんは、ジャガイモの皮をむいただけなのに。

そうよ、自分で作ると一段とおいしく感じるのよ。それに、じゃがいもの皮をむけるようになったじゃない！

››› まだお手伝いが2つ残っていたので、食器のかたづけもしました。

では、かたづけも手伝うね。

ゆいもいっしょにするね。

やったあ、どの食器もピカピカだね。

ていねいに気をつけて洗えたね。初めてなのにすごいよ。

››› 最後に洗たく物をたたみました。

次は洗たく物をたたむよ。

では、こうして、次にこうして……。

そして、こうするの。

順番通りにすればできるね。でも、ママやゆいみたいに速くきれいにできないけど。

何回もしているからできるようになったのよ。

ゆっくりでもたためるようになったね。給食のエプロンや、体操服もたたんで持って帰ってきてね。

うん、そうするね。お手伝いって、すごく頭を使うんだね。お手伝いをしたらできることが増えて、とってもうれしいよ！

お手伝いって、「無理やりさせられているみたいでいやだな……」と思ったことはない？家の用事はお父さんやお母さんの仕事だと思いこんでいない？

学校も家もいっしょだよ。みんなで過ごしているから、みんなで分担しながら家の用事をするのが当たり前だよ。協力したら早く用事がすんで、家族で話したり遊んだりする時間ができるかもしれないね。

宿題でお手伝いのことを出したけど、れんさんのように何をやっていいか分からなかったらお母さんに聞いてみるといいね。やってみると楽しいこともあるよ。

次は本を読んでいる他のみんなからの質問です。あなたもいっしょに考えてみましょう。

みんなからの 質問 コーナーです。　あなたも考えて答えてみましょう。
（　　）は、ゆき先生の答えです。

質問 **みんなはお手伝いをしますか？**

（先生は、トイレそうじをしていました。トイレには神様がいるらしいです。）

質問 **お手伝いをした後の気持ちはどうですか？**

（先生は、ありがとうって言われるととてもうれしい気持ちになります。）

質問 **お手伝いは、なぜするのですか？**

（家族みんなで助け合っていかないといけないからだと思います。）

››› **いろいろな答えがあったよね。では最後にコグトレ先生からのアドバイスだよ。**

ここの まとめ

コグトレ先生

みなさんも将来、もしかしたら自分ひとりで生活することがあるかもしれません。大学が遠くて１人で住むこともあれば、仕事で遠くに１人で住むこともあります。そんなとき、お手伝いでできるようになったことが、１人で暮らすときにとても役に立ちます。お手伝いは「生きる力」をつけているのと同じなのです。

➡次は、明日の準備です。

ここで学ぶこと▶▶▶連絡帳に書く

出来事 明日の持ち物がわからない

››› ご飯を食べてお手伝いが終わり、れんさんとゆいさんはテレビを見ています。

2人とも、宿題はした？

お母さん

はあい、
もう宿題終わったよ。

ゆい

ぼくも宿題、終わったよ。
明日の用意もしたよ。

れん

あ、明日の用意……
連絡帳を書き忘れた。

ゆい……また？
連絡帳だけはきっちり書いてきてって言ってるでしょ。

どうしよう……
困った！

考えてみよう!
「困った……だって
なんだもん」

どうしてゆいさんは困っているか考えてみよう

? ゆいさんが次から困らないようにするには、どうしたらよいかをいっしょに考えてあげましょう。

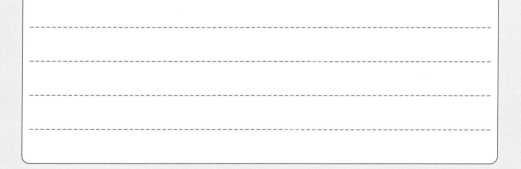

- もし連絡帳を書き忘れたらどうしたらいいかな？
- これから連絡帳を書き忘れないためにはどうしたらいいかな？

ゆき先生

››› ゆいさんは、友達のゆづきさんに電話で聞くことにしました。

ゆい

もしもし、ゆづきさん？ゆいだけど、連絡帳を書き忘れたの。教えてくれる？

ゆづき

ゆいさん、また？連絡帳は朝の時間に書こうよ。持ち物は時間割通りで……持ち物は小さい空き箱だよ。

あ、そうだった。算数で使うんだね。教えてくれてありがとう。

ゆいさん、明日は「もう書いた？」って声をかけるね。

ありがとう。朝の時間はとなりの子とおしゃべりをして連絡帳を書けなくなっちゃった。

先生は、その後も「書いていない人は早く書いてね」と言っていたよ。

そうだよね。明日から気をつける。じゃ、バイバイ。

バイバイ。

ママ、ゆづきさんに教えてもらった。明日からは気をつけて連絡帳を書くね。小さい箱を持って行くけど、あるかな？

お母さん

教えてもらえたからよかったね。これから気をつけてね。小さい箱は、学年だよりでお知らせがあったからとっておいたの。はい、どうぞ。

ありがとう。すぐにランドセルに入れるね。

　ゆいさんのようにうっかり連絡帳を書き忘れたら、宿題や持ち物が分からなくて困るね。近所の友達に聞いたり、仲のいい友達に電話をしたりして聞けたらいいけどね。でも、気づくのがおそくて、夜ねる前だったりしたら……大変だね。

　連絡帳を書くのは、大切な連絡を家に帰って見直すためだね。連絡帳に書かずに「覚えておく」というのでは、忘れてしまったら困るから連絡帳に書く習慣をつけてね。次は本を読んでいる他のみんなからの質問です。あなたもいっしょに考えてみましょう。

みんなからの**質問**コーナーです。　あなたも考えて答えてみましょう。
（　　）は、ゆき先生の答えです。

質問　みんなは連絡帳はきちんと書いていますか。

（先生は、言われたことはきちんと書いていました。）

質問　連絡帳に書いたけど忘れ物をしたことはありますか？

（先生もあります。だからねる前には必ず連絡帳を見るようにしていました。）

質問　連絡帳はどうして書かないといけないと思いますか？

（人は物をよく忘れるからですね。）

›››　**いろいろな答えがあったよね。では最後にコグトレ先生からのアドバイスだよ。**

連絡帳には、大切な連絡を書いたり、宿題や持ち物を書いたりします。書かなくても“覚えるから大丈夫”と言う人もいますね。でも覚えているつもりでも何かを忘れることはよくあります。子どものときは、連絡帳は先生から言われて「仕方なく書いている」場合もあるかもしれません。でも連絡帳は「書く練習」ではなくて、「物事を整理して大切なことをメモする練習」でもあります。

大人になると、覚えておかないといけない大切なことが増えます。だから大切なことはメモをとって、整理して残します。それができないと、生活する上でとても困ることになります。大人になって困らないように毎日書く習慣をつけましょう。

これで一日が終わったよ。どうだった？みんな勉強になったかな？
では最後に、れんさんとゆいさんから話があるよ。

おわりに

どうでしたか？毎日いろいろなことが起こるね。

れん

ゆい

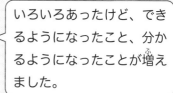

いろいろあったけど、できるようになったこと、分かるようになったことが増えました。

ぼく、失敗ばかりだったよ。でもね、今ではていねいな言葉を上手に使えるよ。

ゆいも困ることがいっぱいあったね。

そう、いっぱいだった。もう少しでいかりが爆発しそうなときもあったよ。でも、友達や先生にも助けてもらった。

みなさんはどうでしたか？いっしょに考えたり、分かるようになったことがあったりしましたか？
これからもいろいろなことが起こるけど、どうしたらいいか考える練習ができたから、がんばれそうです。

みなさんも、困ったときには、“どう考えたらいいか”、“次からどうするか” を自分で考えられるようになったはずです。

不安になったら、またこの本を読んでください。
困ったときほど成長できるって分かったから、
私たちもいっぱいなやみながら成長していきます。

最後まで読んでくれてありがとうございました。
いつも笑顔を忘れず元気でいましょうね。

編著者紹介

宮口　幸治（みやぐち・こうじ）　編著者

立命館大学教授、児童精神科医。一社）日本COG-TR学会代表理事、一社）日本授業UD学会理事。医学博士、日本精神神経学会専門医、子どものこころ専門医、臨床心理士、公認心理師。京都大学工学部卒業、建設コンサルタント会社勤務の後、神戸大学医学部医学科卒業。大阪府立精神医療センターなどに勤務の後、法務省宮川医療少年院、交野女子学院医務課長を経て、2016年より現職。児童精神科医として、困っている子どもたちの支援を教育・医療・心理・福祉の観点で行う「日本COG-TR学会」を主宰し、全国で教員向けに研修を行っている。著書に『教室の困っている発達障害をもつ子どもの理解と認知的アプローチ』『性の問題行動をもつ子どものためのワークブック』『教室の「困っている子ども」を支える7つの手がかり』『NGから学ぶ　本気の伝え方』（以上、明石書店）、『コグトレ　みる・きく・想像するための認知機能強化トレーニング』（三輪書店）、『1日5分！　教室で使えるコグトレ』（東洋館出版社）、『ケーキの切れない非行少年たち』『どうしても頑張れない人たち』『歪んだ幸せを求める人たち』（以上、新潮社）、『境界知能とグレーゾーンの子どもたち』（扶桑社）、『境界知能の子どもたち』（SB新書）などがある。

井阪　幸恵（いさか・ゆきえ）　著者

小学校教員。日本COG-TR学会理事、特別支援教育士スーパーバイザー。著書に『自分でできるコグトレ③　うまく問題を解決するためのワークブック』（明石書店）、『社会面のコグトレ　認知ソーシャルトレーニング②　対人マナートレーニング／段階式問題解決トレーニング編』（三輪書店）などがある。

自分でできるコグトレ⑤
対人マナーを身につけるためのワークブック
学校では教えてくれない　困っている子どもを支える認知ソーシャルトレーニング

2020年9月10日　初版第1刷発行
2024年7月20日　初版第2刷発行

編著者　宮口幸治
著　者　井阪幸恵
発行者　大江道雅
発行所　株式会社明石書店
〒101-0021 東京都千代田区外神田6-9-5
電話　03-5818-1171
FAX　03-5818-1174
振替　00100-7-24505
http://www.akashi.co.jp

カバー・本文イラスト　今井ちひろ
装丁　谷川のりこ
印刷・製本　モリモト印刷株式会社

定価はカバーに記してあります。
ISBN978-4-7503-5055-4